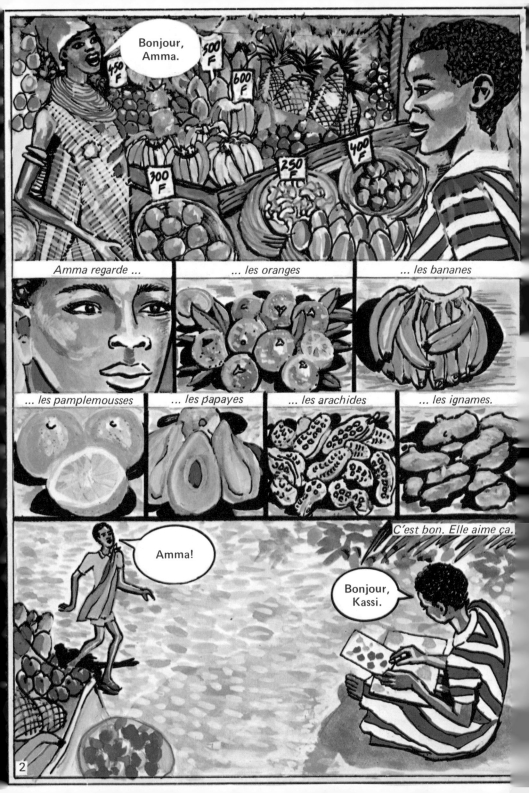

3

5

ACTIVITES BIBLIOBUS

A Answer these questions about the story.

1. Why does the teacher want to stop Amma drawing?
2. Where has Kassi seen the helicopter?
3. How long do Amma and Kassi take to reach the place?
4. When is the hold-up to take place?
5. What does Amma say about drawing people?

B Look at the pictures. Work out the French names and write down the letter indicated. When you have all the letters, you can make up the name of a fruit.

L'ESPACE

Octobre 1957, à l'anniversaire de la Révolution russe: la Russie lance un satellite dans l'Espace. Le satellite s'appelle Spoutnik 1. C'est une sorte de ballon simple, avec quatre antennes.

BLIP, BLIP... BLIP, BLIP... BLIP, BLIP... BLIP....

Oui, c'est remarquable ! Mais en novembre, un chien, Laïka, quitte la Terre dans un satellite et entre dans l'Espace.

Laïka est un chien, mais, en 1961, un homme quitte la Terre et entre dans l'Espace.

Il est russe aussi.
Il s'appelle Youri
Gagarine. Et le satellite
s'appelle Vostok.

Une heure
de voyage
dans l'Espace...

Gagarine rentre à Moscou–héros national,
héros international.　　　Bravo, Youri!

En 1958, l'Amérique aussi lance un satellite, Explorer 1.

Mais la Russie lance un homme dans l'Espace!
Oh là là! L'Amérique regarde la Russie avec jalousie.

Mais l'Amérique aussi a un héros: il s'appelle Neil Armstrong. Avec Buzz Aldrin, il quitte la Terre dans Apollo XI.

Le vingt juillet 1969, il arrive à la Lune.

Oui, un homme, Neil Armstrong, marche sur la surface de la Lune.

Et il danse! il joue! il chante! Et il regarde la Terre.

ACTIVITES BIBLIOBUS

A Find the following information from the text:

1. the year the first Russian satellite was launched
2. the name of the first Russian satellite
3. the name of the first dog in space
4. the year the first man went into space
5. his nationality
6. his name
7. the name of his satellite
8. the year of the first American satellite
9. its name
10. what happened on 20th July 1969

B Can you find five French words from this account of space travel in the word square?

```
C  H  I  E  N  L  X
R  B  T  S  N  U  Y
S  V  S  P  X  N  T
V  O  Y  A  G  E  F
R  N  V  C  N  M  Q
C  B  T  E  R  R  E
X  B  I  X  P  E  S
```